비울수록
채워지는 행복

비울수록
채워지는 행복

김순남

한국문화사

비울수록 채워지는 행복
김순남 시집

1판1쇄 인쇄 2015년 4월 24일
1판1쇄 발행 2015년 4월 30일

지 은 이   김순남
펴 낸 이   김진수
펴 낸 곳   **한국문화사**
등   록   1991년 11월 9일 제2-1276호
주   소   서울특별시 성동구 광나루로 130 서울숲 IT캐슬 1310호
전   화   (02)464-7708 / 3409-4488
전   송   (02)499-0846
이 메 일   hkm7708@hanmail.net
홈페이지   www.hankookmunhwasa.co.kr

책값은 뒤표지에 있습니다.

잘못된 책은 바꾸어 드립니다.
이 책의 내용은 저작권법에 따라 보호받고 있습니다.

ISBN 978-89-6817-228-1   03800

■ 시인의 말

행복을 찾아서 금수강산의 방랑자 되다

어릴 때 바닷가에서 태어나 자라면서 자연과 함께 성장한 것이 언제부턴가 제 가슴속에 그리움의 서정으로 남아 있었습니다. 언젠가는 시인이 되어 아름다움을 노래하고 싶다는 생각을 해 왔습니다. 마침 시간적 여유가 있어 조금씩 써 보았는데 올 3월 시인으로 등단하면서 그동안 써 놓은 시들을 시집으로 엮어 보았습니다. 지천명에 이르러 시인이 된다는 것이 다소 늦은 감이 있다고 생각되지만 늦었다고 생각할 때가 가장 빠르다는 신념을 가지고 시인으로서 첫발을 내디딥니다.

어느 누구에게나 찾아오듯 제 인생에도 가장 힘들 때가 있었습니다. 이 시는 제가 가장 힘들 때, 2년 반 가량을 행복을 찾아서 금수강산의 방랑자가 되어 사색하면서 지은 시입니다. 저는 종교에 입문하여 진리를 탐색하면서 진리를 노래하였고, 등산으로 마음을 다스리고 자연과 대화하면서 자연의 아름다움을 노래하였으며, 수신제가의 기회로 삼아 나와 가족을 집중적으로 돌볼 시간을 가지면서 가정의 소중함을 노래하였고 친구들과 사회에서 관계를 맺은 여러분과 대화하면서 우정과 사랑을 시로 표현하였습니다. 이 시집은 이러한 사색의 산물입니다. 제게는 잠시의 휴식이었지만 너무나 소중한 것을 얻었습니다. 반평생 살아가야 할 길을 선명하게 찾게 해 주었습니다.

누구에게나 힘들 때가 있을 것입니다. 이때는 하던 일을 잠시 내려놓고 행복을 찾아서 긴 사색의 시간을 마련하는 것도 긴 인생 여정에 도움이 될 것입니다. 힘들다고 포기하지 말고 인생의 바닥에 떨어졌다고 생각할 때, 다시 일어설 용기를 가져야 합니다. 비우면서 갖는 사색의 시간은 그 텅 빈 마음에 다시 행복의 꽃이 피어나게 할 것입니다. 이 시집이 이런 분에게 조금이나마 도움이 되었으면 합니다.

그동안 나의 삶에 함께했던 모든 분과 인생의 가로등이 되어 용기와 격려를 주신 분들께 감사드립니다. 선뜻 시집으로 출간하는 것을 수용해 주신 한국문화사 김진수 사장님에도 감사드립니다. 지천명의 나이에 새내기 시인이라 부족한 점이 많으리라 생각되지만 앞으로 여러 시인 선배님께 배우면서 더 성장해 갈 것을 다짐해 봅니다.

마지막으로 직장에 몸을 던져 일하면서 가정에도 헌신적인 나의 남편과 나의 분신 건우, 윤지, 연수에게 사랑과 고마움을 표합니다.

2015. 4.
우면산 언덕 아름다운 봄날에
김 순 남

■ 차례

시인의 말
행복을 찾아서 금수강산의 방랑자 되다 5

제1부 자연과의 대화

우면산 언덕	15
양재천 산책	16
청계산	17
큰 바위 친구	19
일 출	20
봄이 오는 소리	21
봄이 왔어요	22
파란 하늘	23
한 강	24
유 수	25
꽃 중의 꽃, 연꽃	26
비를 맞으며	28
우면산 초록나무 하늘	29
하늘 친구	31
혼자 넘는 의상봉	32
속리산 문장대	33
관악산	35
북한산 친구	36
풍성한 가을을 맞으며	38

가을 단풍	39
눈이 오네요	40
하얀 세상	41
겨울 바다	42
자연과의 대화	43
거룩한 자연의 품 속에서	46

제2부 진리를 찾아서

풍경 소리	49
조계사	50
즐거운 마음으로 산 넘고 물 건너	52
말 들어 주기	53
비난을 미소로 감사하자	54
명 상	55
손 잡아 주기	57
공空의 노래	59
부처님의 세계	61
중 도	63
방 생	65
백담사 가는 길	68
삶이 지치고 힘들 때	69
텅 빈 충만	71

빈 의자　　　　　　　　　　　72
모두가 아름다워요　　　　　　73
삶은 행복의 연속　　　　　　　74
비울수록 채워지는 행복　　　　75
행복은 마음 속에 있네　　　　　76
행복을 찾아 나선 금수강산의 방랑자　78

제3부 가족 사랑

엄마 품　　　　　　　　　　　83
가 족　　　　　　　　　　　　84
고슴도치 가족　　　　　　　　85
자녀의 인생　　　　　　　　　86
탯 줄　　　　　　　　　　　　87
아들아　　　　　　　　　　　　88
하늘같은 내 딸　　　　　　　　90
천 사　　　　　　　　　　　　91
대학 입학 축시　　　　　　　　92
내 어머니　　　　　　　　　　94
행복 나무　　　　　　　　　　96
부부 사랑　　　　　　　　　　97
님을 위한 기도　　　　　　　　98
님 그리며　　　　　　　　　　99

당신으로부터 듣고 싶습니다	100
당신이 그리울 때	101
당신의 목소리	102
기준을 낮추어요	103
참사랑	104
업고 안고 눕혀 놓고	105
마라톤	106
꿈을 꾸고 꿈을 실현하며	108
꿈은 이루어진다	109
인생의 봄	111
청 향	112
명경지明鏡智	113
여은이류麗誾怡瀏	114

제4부 사랑, 우정 그리고 관계

가로등	117
가을의 사랑	119
해바라기	121
개나리	122
진달래	123
목련의 연모	124
무지개 같은 사랑	126

가슴으로 내리는 비	128
상사화	129
고흐	130
난 항상 그대로야	131
평행선	132
다 도	133
정년 퇴임 축시	134
교육 사랑, 개발원 사랑	136
당신과 나	138
축 생일	139
아름다운 대기만성	141
학문의 길에 들어서서	143
우면산 소망탑	144
금수강산의 들꽃 사랑	145

제1부
자연과의 대화

우면산 언덕

언제나 그 자리, 찾아보는 정겨움이여
사시사철 그 자리에 우리 함께 있었네

봄, 새싹과 꽃 품은 희망의 전도사여
새로운 희망과 꿈의 아름다움을 대화했네

여름, 풍성한 잎의 성장과 베풂의 전도사여
열정 지닌 성취와 베풂의 아름다움을 대화했네

가을, 낙엽의 적응과 비우는 지혜의 전도사여
자연에 적응하는 내려놓음의 아름다움을 대화했네

겨울, 가장 작음으로 견디어 가는 인내의 전도사여
추위에 견디는 인내의 아름다움을 대화했네

우면산 언덕, 나의 중년 마음의 고향이여
희망과 성장, 비움과 인내를 우리 함께 키웠네

양재천 산책

물이 보고파 매일 함께하는 양재천 산책
모두가 그대로건만 어제의 물은 간 곳 없네
오늘의 물 방긋이 인사하며 다가오고
물은 온화하게 진리를 깨닫게 해 주네

낮은 곳으로 향하라는 모양새를 보여주고
멈추지 말고 가야 한다 무심하게 흘러가네
한 형태만 고집 말고 순리대로 가라하고
무색무취 투명함의 균형된 길 가라하네

물이 보고파 물 따라 가는 양재천 산보
저 멀리서 쳐다보고 손짓하며 인사하네
다시 보지 못함에 쓸쓸하게 미소 짓고
흘러가는 안타까움에 같이 따라 손 흔드네

청계산

청계산, 내 어머니 같은 품을 가진 산이여!
참새 까마귀 환영의 지저귐에 친구 되고
오가는 등산객들과 대화하며 친구 되는
인간을 품어 주는 넉넉한 어머니 같은 산이어라

청계산 계곡, 맑고 평화로운 내 어머니의 목소리여!
언제 들어도 또 듣고 싶은 물 흐르는 소리
아, 영혼이 맑아지는 이 소리
다시 듣고 싶은 내 어머니의 목소리이어라

옥녀봉, 그 따사로운 내 어머니의 가슴이여!
진달래능선 따라 진달래의 어머니 향기에 취하고
옥녀봉의 어머니 가슴에 안기면
아, 이것이 바로 천상이어라

매봉, 내 어머니의 고단한 삶의 계단이여!
걸어서 하늘까지 끊임없는 계단의 연속
정상에서 서울을 내려다보듯 자식을 돌본
애틋한 모정의 세월이어라

솔향, 내 어머니의 변함없던 그 사랑의 향기여!
사시사철 솔향을 품어 주는
지금은 고인이 된 당신의 향기
늘 푸른 솔향은 아직도 잊을 수 없는 당신의 사랑이어라

큰 바위 친구

아, 나의 인생이여
고향 앞바다의 큰 바위만 같아라!

폭풍이 온몸을 부딪쳐도
절망으로 자신을 단련시키고
수평선 바라보며
마음의 고요를 달래 오던 수양의 세월

나의 인생의 등대지기
항상 그 자리, 항상 그대로의 큰 바위 친구

인생살이 힘들 때마다 찾아가면 미소로 맞아
배가 되어 두둥실 바다를 항해하며 마음을 달래주던
나의 인생 항로에 동행하고 있는
마음의 고향, 항상 그 자리의 친구

그리워도 찾아가기 힘든 타향살이로
내 가슴 바다에 담아 놓고
아, 오늘도 큰 바위 친구와 바다를 항해하네

일 출

방황의 회오리
암흑 속에서 피어나는
한 줄기 희망의 빛이여

항상 거듭나며 떠오르는 태양과 같이
끊임없이 희망을 품어라

절망의 늪
태풍 속에서도 꺼지지 않는
한 오라기 열정의 불씨여

온누리를 찬란하게 비추며 떠오르는 태양과 같이
끊임없이 뜨거운 열정을 품어라

봄이 오는 소리

따스하고 부드러운 햇살과
청향 담은 하늘을 보며
봄이 오는 소리를 듣습니다

만물의 생명을 틔우는
모성 담아 숨 쉬는 대지를 보며
봄이 오는 소리를 듣습니다

내림과 동면으로 생명을 유지한
나뭇가지 위 새눈 탄생을 보며
봄이 오는 소리를 듣습니다

봄이 오는 소리는
따스한 사랑의 조화요
충만한 희망의 노래입니다

봄이 왔어요

봄이 왔어요.
뒷동산을 산책하며 기지개를 펴보아요

따스한 봄 햇살을 맞으며
모두들 추운 겨울을 잘 견디었음을 위로합니다

나무들도 가지를 드리우며
봄맞이 춤을 추고

하늘도 은은한 향기를 뿜으며
봄노래를 부르고

땅도 부드러운 미소로
우리의 걸음걸음을 맞아 줍니다

온누리에 봄이 왔어요.
우리의 마음에도 봄이 왔어요

파란 하늘

파란 마음으로
파란 하늘을 볼 일이다

나무 친구 숨소리를 들으며
새 친구의 날갯짓 함께하며
나의 친구와 함께
파란 하늘로 오른다
파란 하늘과 더불어
오늘을 대화한다

세상을 내려 보며
산 넘고 강 건너
친구와 함께
파란 하늘을 거닌다
파란 하늘과 함께
내일을 대화한다

친구와 함께
파란 하늘을 품고
새처럼 날고 싶다

한 강

어릴 적 즐기든 일출 광경이 그리워
자주 찾아가는 한강
넘실대는 물결 따라
내 마음도 그리운 파도 물결을 따라 가네

어릴 적 뛰어놀던 바닷가 초등학교가 그리워
자주 찾아가는 한강
잘 가꾸어진 공원 쉼터 평온함에 따라
내 마음도 걸어온 길을 반추하게 하네

복잡한 마음을 가다듬고자
자주 찾아가는 한강
한 줄기 큰 물길 따라
내 마음도 고요해지네

업무 차 자주 지나가는 한강 다리
물이 그리워 그리워 자꾸 돌아보는 한강
머물지 말고 앞으로 가라는 손짓 따라
흐름의 깨달음을 주고 걸어갈 길을 안내해 주네

유 수

당신은 나를 위해 이곳에 왔습니다
당신은 나를 바라보기 위해 이곳에 왔습니다
당신은 나와 함께 대화하기 위해 이곳에 왔습니다
당신은 나와 함께 세상 보기 위해 이곳에 왔습니다
당신은 나에게 지혜를 주기 위해 이곳에 왔습니다
당신은 나의 버팀목이 되어 주기 위해 이곳에 왔습니다

당신을 이제 보내드리옵니다
당신은 머물러 있지 못할 유수이기에 보내드리옵니다
당신은 흘러가야만 하는 유수이기에 보내드리옵니다
당신은 흘러가 큰 바다에 이르도록 보내드리옵니다
당신은 자연의 순리에 따르고자 하니 보내드리옵니다
당신은 지혜와 용기 주심에 감사하며 보내드리옵니다

당신은 이제 가시옵소서
당신은 돌아 보지 말고 가시옵소서
당신은 아무 걱정 말고 가시옵소서
당신은 해야 할 일에 전념하면서 가시옵소서
당신은 건강하고 씩씩하게 바다로 향해 가시옵소서
당신은 역경에 부딪쳐도 잘 극복하면서 가시옵소서

꽃 중의 꽃, 연꽃

아, 어떻게 이 아름다운 꽃을 피울 수 있었던가
수행하는 꽃이여, 당신은 진정 아름다운 영혼입니다
진흙 속 자라남이 쉬운 일은 아니건만
청정한 자태, 당신은 진정 수행하는 꽃입니다

아, 어떻게 이렇게 비울 수 있었던가
비우는 꽃이여, 당신은 진정 아름다운 영혼입니다
줄기 뿌리 일체로 비어감에 안과 밖이 통하는
균형된 자태, 당신은 진정 비우는 꽃입니다

아, 어떻게 이렇게 베풀어 줄 수 있었던가
자비로운 꽃이여, 당신은 진정 아름다운 영혼입니다
연잎 연근 일체되어 자비로운 영양 주는
베푸는 자태, 당신은 진정 자비로운 꽃입니다

아, 어떻게 이렇게 맞추어 갈 수 있었던가
맞추어 가는 꽃이여, 당신은 진정 아름다운 영혼입니다
그릇 따라 연못 따라 불평 않고 맞추어 자라나는
절제하는 자태, 당신은 진정 맞추어 가는 꽃입니다

아, 어떻게 이렇게 깨달아 갈 수 있었던가
깨달음의 꽃이여, 당신은 진정 아름다운 영혼입니다
꽃과 열매 동시 맺어 깨달음과 자비 동시 이루는

실행하는 자태, 당신은 진정 깨달음의 꽃입니다
아, 어떻게 이렇게 신성할 수 있었던가
군자의 꽃이여, 당신은 진정 아름다운 영혼입니다
향은 멀수록 맑고 멀리서 바라보아야 하는
군자다운 자태, 당신은 진정 군자의 꽃입니다

꽃 중의 꽃, 연꽃이여
고난을 수행으로 극복하고
욕심을 비우고 자비를 베풀며
절제하고 깨달음을 실천하는
당신은 진정 군자의 꽃이요, 꽃 중의 꽃입니다

비를 맞으며

나이가 들어 갈수록
온 몸으로 비를 맞고 싶다

나도 모르게 쌓여 있을
정신과 육체의 찌꺼기를 쓸어내리고 싶다

산 계곡 메마른 대지의 울부짖음을 보며
고개를 들어 비를 맞는다

메마른 인간의 황야에 서서
세상 사람들의 마음을 적셔줄 비를 맞는다

오늘도 비를 맞으며
메마른 생명의 숨을 가다듬는다

우면산 초록나무 하늘

땀이 비 오듯
흘러내리며

하루의 찌꺼기를
벗어 버리고

새로운 기운을
흡수하고자

오늘도 퇴근길에
우면산을 오르네

청향 하늘을
마주하며

상큼한 기운을
채워주는

우면산 퇴근길의
초록나무 하늘

아~
이 기운으로
내일을 준비하네

하늘 친구

하늘은 나에게 꿈을 꾸게 하고
하늘은 나에게 희망을 품게 한다

하늘은 나에게 세상을 보여 주고
세상 속에서 나를 바라보라 한다

두둥실 구름에 얹혀 하늘 품으로 다가서면
하늘 친구는 반가이 따뜻하게 손을 잡는다

올 가을엔 하늘 친구를 바라보며 희망을 품어 본다
하늘 친구와 함께 희망의 꿈 그려본다

혼자 넘는 의상봉

내 이렇게 힘들 줄 알았으면
시작하지 않았을 것을

의상봉 둘레길 따라 걷다
우연히 들어선 길

암벽에 걸 터 엎드려
기어오르는 암벽 타기 연속

비까지 내리는 혼자 넘는 의상봉
마지막 같은 위기의 순간들

내 이렇게 힘들 줄 알았으면
시작하지 않았을 것을

나 이제 어떤 어려움도
견디어 낼 용기를 얻었네

속리산 문장대

잠시
속세를 떠나고자
혼자 나선 속리산

법주사에 들러
부처님께 참배하고

어찌 가도 가도
정상이 나오지 않는 건가

힘듦 외엔 모든 속세
다 내려놓고

문장대를 보고자
네 발로 기어오른 한나절

내 앞에 펼쳐진
동서남북 첩첩산중의 아름다움

아름다운 금수강산

최고의 문장대여

넋을 잃고 속세도 잊고
잠시 돌이 되었소
나 너를 잊지 못하리라
내년에 또 다시 너를 찾으리라

관악산

관악산아
난 너를 통해
인내하는 법을 배웠도다

자운암 너머 국기봉으로 능선 암벽 등반
내 처음 산을 오르며 힘듦을 알았고
눈물을 머금고 바위 타는 것을 배웠네
너로 인해 주변 산들이 다정한 친구가 되었다네

암반 계곡길 따라 오른 자연과의 하나됨
깔딱고개 암벽 바위에 매달린 채
지난 생을 돌아보며 한낱 자연의 일부임을 깨달았네
너로 인해 난 자연과 하나가 되어 마음을 비웠다네

난 너를 통해
너와 같은
자연의 일부임을 알았도다

북한산 친구

난 너를 가까이 하련다
서울을 품고
우리 역사를 품고
국민들을 품으며
한반도 동서남북을 관장하듯
한반도의 정기 솟아오르는
너에게로 가까이 가고 싶다

난 너에게 도전하련다
비봉의 나라 사랑 가슴에 품고
승가사 불공의 힘찬 기운 온몸으로 감싸며
향로봉 첩첩 계곡과 산의 어우러짐
백운대의 광대한 암석들의 위엄 아래
의상봉 극기 훈련 마다 않고
14성문을 돌며
계속 난 너에 도전하며, 내 삶에 도전하련다

난 너의 영원한 친구가 되고자한다
사시사철 사람들을 품어 주며
나의 모든 찌꺼기를 없애주는

나의 친구
너를 매일 만나고 싶다
너를 가장 많이 아는
내 가장 사랑하는 친구로 삼으련다

풍성한 가을을 맞으며

인생은
가을이 가장 아름답다

무심하게
일만 하며 지나쳐 온
세월에 아쉬움을 남기며
사랑과 아름다움이 넘치는
가을을 맞이한다

풍성한 가을을
온몸으로 느끼며
살아오면서 인연 맺은 분들
그 귀한 인연에 감사하고
그분들을 위해 드리고 싶다

지천명을 맞이한
내 인생의 가을을
자연의 가을로
아름답게 그려가고 싶다

가을 단풍

아, 아름답도다!
우면산 언덕 가을 단풍의 온화하고 다소곳한 자태
자연의 아름다움을 온몸으로 보여주는 사랑
우리에게 아름다운 마음 품게 하는 단풍
그 아름다움을 사람들은 마음에 채워야하네

아, 안타깝도다!
겨울나기를 위한 마지막 비우기와 내려놓기의 몸부림
생명체 유지 위해 영양 축적하며 몸을 불사르는 희생
우리에게 안타까운 마음 품게 하는 단풍
그 안타까움을 사람들은 마음에 채워야하네

아, 헌신과 사랑의 전도사여!
품위 있으면서도 온화하고
열정을 보이면서도 다소곳한
서로 다른 단풍들이 어울려 조화를 이루며
비움을 통해 나무의 생명을 유지하게 하고
마지막으로 세상에 아름다움을 남기고 떠나네

눈이 오네요

눈이 오네요
하얀 세상과 하나 되어
하얀 눈을 맞아요

눈이 오네요
엄마 자궁 속같이 평화로워요
철없던 어린 시절 뛰어 놀던 순박한 그 세상이네요
눈 덮인 교정의 소크라테스길 다시 걷고 싶어져요

하염없이 눈이 오네요
마음의 오점을 씻어 주기 위해서인가요
인간 세상의 얼룩짐을 덮기 위해서인가요
아직도 덮어야 할 세상의 미련이 남아서인가요

눈이 오는 날은
하얀 세상과 하나 되어
머리와 가슴을 하얗게 비워 봐요

하얀 세상

하얀 눈을 맞으면
내 영혼이 맑아지는 소리를 듣습니다
내 삶의 찌든 때를 씻겨 주듯
하얀 눈이 내립니다

혼탁한 세상의 찌든 때를 씻겨 주듯
하얀 눈이 내립니다
눈 덮인 창밖을 보면
세상은 맑고 청아합니다

하얀 세상을 보고 싶어
눈 덮인 산을 오릅니다
세상은 언제 그랬냐는듯이
하얀 마음으로 모두를 맞이합니다

한 해의 찌꺼기들은 눈 속에 묻고
하얀 세상의 새해를 맞이하고 싶습니다
눈꽃으로 가득 찬
하얀 세상에서 살고 싶습니다

겨울 바다

삶이 힘들거나 기쁠 때면
내 고향 앞바다로 달려갑니다

내 마음의 고향인 고향의 바다
내 어머니가 계시는 고향의 바다
어머니와 고향의 바다에 안겨
정겨운 마음의 이야기를 나눕니다

겨울이 오면 항상
내 마음은 고향바다에 가 있습니다
바닷바람이 세차지는 않은지
겨울 파도가 범람하지는 않은지

오늘도 내 고향 겨울바다로 가
내 어머니를 찾아 헤맵니다

자연과의 대화

자연의 품은 넓고도 깊다
자연은 자기를 보면서
삶의 진리를 배워라 한다

하늘은 나를 보고 높이 올라와
넓은 시야를 지니고
객관적으로 볼 수 있는
통찰을 가져라 한다

바다는 나를 보고 깊이 내려가
표면의 흔들림 속에서도
동요를 하지 않는
심연을 가져라 한다

강은 나를 보고 멈추지 말고
낮은 곳으로 낮은 곳으로
향할 수 있는
겸양을 지녀라 한다

달님은 나를 보고 차고 기울어서
어느 위치에서나
주어진 역할을 할 수 있는
유연성을 지니라 한다

태양은 나를 보고 자신을 태워
세상에 빛을 주고
봉사할 수 있는
열정을 가져라 한다

나무는 나를 보고 사람들에게 그늘을 제공하여
힘들고 지칠 때
쉬었다 갈 수 있는
편안함을 제공하라 한다

꽃들은 나를 보고 아름다움과 향기를 발산하여
우리들의 인생에서
나만의 아름다운
향기를 가져라 한다

자연은
나를 보고
언제나
자기처럼
살다 가라 한다

거룩한 자연의 품 속에서

5월의 초록은
마음의 초록이요
마음의 신선이다

초록 자연의 품속은
모든 번뇌는 사라지고
텅빈 충만에 이르게 하네

초록 자연의 품속 산행은
자연의 일부가 되어
나를 의식할 수 없게 하네

올 봄은
거룩한 자연의 품속에서
인간과 자연의 상생과
자비의 철학을 배운다

거룩한 자연의 만남은
이타행하는
자비의 충만이다

제2부
진리를 찾아서

풍경 소리

계곡물도 얼어붙은 매서운 찬바람에
아름답게 울려 퍼지는 산사의 풍경소리

잠시 마음을 비우고 가라고 손짓하는 소리
잠시 아름다운 마음을 가져 보라는 가르침의 소리

바람이 일 때마다 흔들리며 내는 소리
고요와 평화에 조화되는 아름다운 소리

우리의 마음에 바람이 일 때마다 흔들릴 때마다
산사의 풍경이 되어 아름다운 소리를 담아보네

조계사

도시 공간 마음의 안식을 찾아 든 조계사
목탁 소리에 마음의 평온 찾아 드네

대웅전 세 부처님 앞에 선 나 자신
한없는 겸손에 큰 절 하게 되네

일배 하니 부처님은 나를 보고
항상 바닥까지 낮추라 하네

이배 하니 부처님은 나를 보고
맑은 거울 같은 지혜를 가져라 하네

삼배 하니 부처님은 나를 보고
한없이 자비를 베풀어라 하네

사배 하니 부처님은 나를 보고
끊임없이 마음을 비우라 하네

오배 하니 부처님은 나를 보고
무거운 짐을 내려놓으라 하네

육배 하니 부처님은 나를 보고
타인의 말을 깊이 새겨들어라 하네

칠배 하니 부처님은 나를 보고
인간의 불완전함을 인정하라 하네

팔배 하니 부처님은 나를 보고
행복은 마음먹기에 달렸다 하네

구배 하니 부처님은 나를 보고
부처를 닮아 보라 하네

대웅전 세 부처님 앞에 선 나 자신
깊은 삶의 지혜에 감사하게 되네

즐거운 마음으로 산 넘고 물 건너

인생을 즐기는 사람에게는
무한한 에너지 샘솟는다

인생은 즐거운 마음으로 즐기면서 살 일이다
첩첩산중과 물살 센 강의 연속
역경을 이겨낼 기회에 감사하며
즐거운 마음으로 산 넘고 물 건너자

인생은 행복한 마음으로 즐기면서 살 일이다
작은 다툼과 갈등의 연속
타인에 대한 이해의 기회로 생각하며
작은 것에 만족하고 즐기는 마음으로 극복하자

인생은 고마워하는 마음으로 즐기면서 살 일이다
감사해야 할 존재와 일들의 충만
숨 쉬고 자연을 보며 해야 할 일 있음에 고마워하며
살아 있음에 감사하고 즐기는 마음으로 살아가자

인생을 즐기는 사람에게
행복과 성공의 기운이 샘솟는다

말 들어 주기

요즘 세상, 폭력 자살하는 사람 즐비하고
혼자서 고민 하며 고통 안고 살아가고
아무리 둘러봐도 말 들어 줄 사람 찾지 못해
따뜻하게 마주보고 대화할 사람 필요하니
주변 사람들 하고픈 말부터 들어 보자

요즘 사람, 남의 말 들으려 아니하고
말 들어 줄 시간과 여유가 없다 하고
들으려 하기보다 하고픈 말만 강요하여
따뜻하게 손잡고 대화할 사람 필요하니
주변 사람들 하고픈 말부터 들어 보자

사람 사랑, 사람의 말 듣기부터 시작하고
미소로 맞이하여 다정하게 대화하고
말하는 이 안정되어 마음 평온 다시 찾고
따뜻하게 말을 들어 고통 절로 없어지니
주변 사람들 하고픈 말부터 들어 보자

비난을 미소로 감사하자

비난을 퍼부어도
미소로서 감사하자

비난은 자신을 돌아보고 발전하도록 안내하는 것
나의 과오를 지적할 시간을 내준 데 대해 감사하자

비난은 불상을 문질러 빛낼 사포라는 바지라메디같이
사포로 나를 닦아 빛나는 보석으로 만들어 보자

아무도 죽은 개는 차지 않는다는 데일 카네기같이
긍정적으로 받아 들여 성장하는 사람이 되어 보자

비난은 칭찬보다 더 가치로운 것
비난 받는 사람은 행운으로 생각하자

* 바지라메디: 태국의 고승 달라이라마

명 상

거룩한 명상으로
새로운 삶의 향기 채우리라

모든 것을 비우고
두둥실 구름 속 명상에 잠기고 싶어라
모든 것을 벗어 놓고
바다 큰 바위 위 명상에 잠기고 싶어라
모든 것을 내려놓고
숲 속 보리수나무 아래 명상에 잠기고 싶어라
모든 것을 뒤로 하고
대웅전 부처 앞 명상에 잠기고 싶어라

청정한 생각이 모이는
청향이 바로 명상의 기쁨이어라
참회와 올바른 길의 판단
회향이 바로 명상의 기쁨이어라
낮출 수 있는 소립의 지혜
겸향이 바로 명상의 기쁨이어라
행복 주는 부처님의 말씀
법향이 바로 명상의 기쁨이어라

생각의 비움, 마음의 비움, 이기심의 비움으로
새로운 삶의 향기 채우리라

손 잡아 주기

손을 잡아 줍시다
마음이 괴로울 때 잡아 주는 손은
따뜻한 온기로 괴로움을 내려놓을 수 있다는 의미요
고요하게 마음의 평화를 찾게 해 줍니다

손을 잡아 줍시다
실패했을 때 잡아 주는 손은
당신은 다시 시작할 수 있다는 의미요
다시 설 수 있는 용기를 찾게 해 줍니다

손을 잡아 줍시다
외로울 때 잡아 주는 손은
당신을 생각하고 있다는 의미요
우리가 함께라는 생각을 하게 해 줍니다

손을 잡아 줍시다
시련을 겪을 때 잡아 주는 손은
당신이 소중하니 고통을 나누자는 의미요
삶의 새로운 희망을 찾게 해 줍니다

손을 잡아 줍시다
삶의 의욕을 잃었을 때 잡아 주는 손은
당신과 더불어 살아 보자는 존재 가치에 대한 의미요
삶의 행복을 찾을 수 있는 믿음을 갖게 해 줍니다

공空의 노래

삶의 시작과 끝
변화가 연속하여
모든 순간이 공이로구나

자연도 변화하고
존재도 변화하여
모든 것이 공이로구나

공의 깨달음은
생활 속의 집착과 번뇌
삶에서의 소멸을 노래하노라

영원한 나는 없고
영원한 현재도 없어
공의 한 가운데 우리가 있구나

현재의 일, 현재의 관계
새것들이 반복하여
모든 것이 공이로구나

공의 깨달음은
생활 속의 겸손과 자비
삶의 태도를 노래하노라

부처님의 세계

부귀영화 다 내려놓고 진리 찾아 숲으로
사랑하는 가족 떠나 홀로 수행 6년이라
깨달음의 경지 올라 세상사람 구제하고
법향으로 온 세계 세상 고통 잠 재우네

호의호식, 라훌라를 뒤로하고 중생 구제하는 지혜 얻어
힘들고도 힘든 수행 깨달음에 도달하고
종속적 인간 아닌 독립적인 주체자로
신이 아닌 인간에게 가능성 보여주네

오온이 공하니 집착을 내려놓고
좌선하고 앉아 명상을 즐겨하여
반야바라밀 실천하여 지혜를 전파하고
법향 가득 체화하여 부처님 가피 충만하네

깨달음을 얻은 삶의 지혜
중생에게 희망되고
법우와의 따뜻한 만남으로
부처님 세계의 법향 취해 빠져드네

만천하에 울려 퍼진 아름다운 법향이여
지혜 찾아 사랑 찾아
모여 드네 부처님의 세계
온 누리 법향 가득 불국정토 만드시네

중도

거문고 소리의 균형된 아름다움
극단에 치우치지 않은 중도에 들어선 소리
바른 길, 균형의 길, 조화의 길이요
고요의 길, 평화의 길, 기쁨의 길이어라
한 가지 일에만 몰두해 온 경험의 불협화음
중도의 진리로 삶의 균형을 찾으리라

목탁 소리의 균형된 아름다움
극단에 치우치지 않은 중도에 들어선 소리
집착을 버리고, 번뇌를 버리고, 괴로움이 사라지는 길이요
자비의 길, 사랑의 길, 삶의 길이어라
한 방향으로만 몰두해 온 생각의 불협화음
중도의 진리로 마음의 평화를 찾으리라

온유한 미소의 균형된 아름다움
극단에 치우치지 않은 중도에 들어선 마음
바른 길, 균형의 길, 조화의 길이요
고요의 길, 평화의 길, 기쁨의 길이어라
한 가지 일에만 몰두해 온 경험의 불협화음

중도의 진리로 좋은 인연 맺으리라

온유한 목소리의 균형된 아름다움
극단에 치우치지 않은 중도에 들어선 소리
다툼을 버리고, 화를 버리고, 논쟁이 사라지는 길이요
자비의 길, 사랑의 길, 삶의 길이어라.
한 방향으로만 몰두해 온 생각의 불협화음
중도의 진리로 좋은 인연 유지하리라

방 생

1
과거 현재 미래의 억겁 속에
반복되는 생명이여

작은 물고기 하나
나의 전생일 수 있으니

소홀할 수 있는 작은 생명
자유롭게 놓아주자

물고기의
생명을 놓아주고
자유를 놓아주고
평화를 놓아주고
행복을 놓아주자

나의
욕망도 놓아주고
집착도 놓아주고
근심도 놓아주고

번뇌도 같이 놓아주자

나의 생명 같은
만물의 생명이여

생명은 모두 하나
연기되어 영향 미치니

세상살이
모두 함께 살아 보자

2.
과거 현재 미래의 억겁 속에
반복되는 인연이여

작은 인연 하나
나의 전생일 수 있으니

우리의 작은 인연들
소중하게 놓아주자.

우리의
생명을 놓아주고
자유를 놓아주고
평화를 놓아주고
행복을 놓아주자

우리의
욕망도 놓아주고
집착도 놓아주고
근심도 놓아주고
번뇌도 같이 놓아주자.
나의 생명 같은
모든 인연이여

인연은 모두 하나
연기되어 영향 미치니

세상살이
모두 함께 살아 보자

백담사 가는 길

끝없이 이어지는 백색의 청초한 암석
설악산 초록을 담은 맑디맑은 계곡물

사랑에 불 탄 정열의 빨강 단풍
수줍은 새색시같이 고개 내민 노오란 단풍

온몸으로 환영하듯 인간을 품어주는 설악산
무아지경에 빠진 채 자연과 하나 되어

나를 내려놓고 걷고 있는 백담사 가는 길
여기가 바로 천상이요 천국이네

삶이 지치고 힘들 때

마음이 복잡할 땐
물을 찾아요

흐르는 물에
생각의 타래들을 흘려보내요

마음이 아플 땐
산을 올라요

산새 친구들
멜로디로 반겨주고

초록나무들은
산소같이 맑게 해 줘요

졸졸 계곡 따라
아픈 마음도 흘러가요

삶이 힘들고 지칠 땐
강 따라

산 따라
그저 걸어 봐요

텅 빈 충만

비우고
또 비웁니다

나 자신의 욕심도 비워보고
타인에 대한 기대도 비워봅니다

공의 상태에서
맑은 영혼의 소리를 듣습니다

텅 빈 머리와 마음에
맑은 기운이 충만합니다

살면서
때로는 비우는 연습도
필요한가 봅니다

빈 의자

지친 사람 품어
활력을 찾아 떠나보내는
등산길 빈 의자

잠시 쉬어 갈 수 있다면
생각을 비우고 싶다

더 시간이 주어진다면
몸과 마음을 텅 비우고 싶다

맑고 희망찬
새 생각을 채울 수 있도록
가끔은 텅 빈 의자가 되고 싶다

모두가 아름다워요

꽃마다 아름답고
모두가 꽃처럼 아름답구나

장미가 주는 진한 사랑과
개나리의 노오랑 희망
진달래의 균형 잡힌 절제와
진흙에도 때 묻지 않는 연꽃
들꽃의 자연스러움과
세 잎 클로버가 주는 행복

우리네 사람마다
꽃의 색깔을 띄우고
우리네 사람마다
꽃의 향기를 뿜으며
우리네 사람들 모두
꽃처럼 아름다움을 발산해요.

꽃 마다 아름답듯이
우리 모두가 꽃처럼 아름답구나

삶은 행복의 연속

삶은
고통이 아니라
행복의 연속이어라

누가
삶을 고통이라고 했는가

하루를 살더라도
행복감을 느끼는 것은 생각하기 나름인 것을
행복을 찾는다고
불행을 자초했던 수많은 선택들

나와 환경을 수용하고 감사하는 것이
행복을 찾아 가는 시작인 것을
이젠 부정적 사고를 털어내고
희망찬 긍정의 사고를 채워 보세

행복하게 살다
행복하게 생을 마감하는 것
모두 내 마음에 달렸네

비울수록 채워지는 행복

머리와 마음을 비우는 것은
평온한 행복의 채움이어라

추하고 악한 생각 비우면
온유하고 맑은 생각의 향기 피고

나 아니면 안 된다는 욕심 비우면
남 잘 하는 것 보이는 배움의 향기 피고

자신을 바닥으로 낮추는 자존감 비우면
모두 친구 되어 정 나누는 대화의 향기 피어나네

비움으로 채워지는 평화로운 행복이여
온몸을 감싸 스며드는 삶의 청향이어라

행복은 마음 속에 있네

어두운 터널을 걸어 온 것 같지만
그것이 행복이었다는 것을
그때는 몰랐다

행복을 찾아 나섰다
산으로
들로
바다로

그러나
내가 찾은 행복은
살아온 그 자체였다
지나간 추억의 소중한 시간은
행복 노트에 쌓여 있다

지금도
건강하게 존재하고 있고
사랑한다고 말할 사람이 있고
토끼 같은 자식들이 있고
함께하는 친구들이 있는데

그래, 행복은 내 마음 속에 있었구나
마음이 어두워 볼 수가 없었다
행복을 만드는 마음을 들여다본다

행복을 찾아 나선 금수강산의 방랑자

행복을 찾아서
금수강산의 방랑자에게
찾아온 어렴풋한 행복이어라

건강한 마음과 육체
안전한 사람과 물체는
행복의 전제요

사랑하는 가족 관계
아껴주는 동료 관계는
행복의 길이며

삶의 의미 부여
삶의 성취는
또 하나의 행복의 길이어라

이 모든 것이 부족하더라도
덮어 주는 긍정의 마음
이것이 바로 행복의 씨앗이요

긍정의 마음은
감사하는 마음
봉사하는 마음
용서하는 마음
몰입하는 마음이어요

어렴풋이 찾은 행복
못 찾은 행복을 찾아서
다시 금수강산의 방랑자되리라

제3부
가족 사랑

엄마 품

엄마 품이 그리워 마당에 엄마 그려
신발 벗고 엄마 가슴 살포시 누워 보네

천국이 따로 없고 천상이 따로 없네
엄마 품이 제일이라 새근새근 잠 잘 오네

엄마 품이 그리워 마당에 엄마 그려
엄마 심장 느끼고자 손 넣어 만져 보네

우리 엄마 우리 엄마 친구에게 자랑하고
울적할 적 엄마 찾아 마음의 위안 삼네

가족

매일 보아도
뒤돌아서면 또 보고 싶어지는
가족은 하나

매일 쓰다듬어 주어도
또 쓰다듬어 주고 싶어지는
가족은 하나

한 명이라도 불편하면
내가 불편해지는
가족은 나와 하나인 존재

가족의 소중함을 깨달으며
채워지는 감사한 마음, 행복한 마음

고슴도치 가족

우리들을 항상 예쁘다고 하는
엄마는 고슴도치

엄마를 항상 이쁘다고 하는
너희도 고슴도치

하늘같은 내 딸, 내 아들
하늘같은 우리 엄마, 우리 아빠

우리 집 일상 대화에서
피어나는 애틋한 사랑

너희로 인해
삶의 의미를 찾고

너희로 인해
삶의 희망을 놓지 않는다

자녀의 인생

그들에게 자유를 주자
그들 나름의 꽃을 피울 수 있는 자유
그들의 인생을 만끽할 수 있는 자유
인생을 행복하게 즐길 수 있는 것을
찾을 수 있도록 도와주자

내 틀에 얽매이게 하지 말자
그들의 인생은 그들 나름의 세상
나의 생각대로 그들이 따라와야만 하는 것은 아니니
힘들고 지칠 때
그저 옆에만 있어 주자

그냥 쳐다보기만 하자
그들의 꽃을 피우는 과정을 지켜보고
넘어지면
다가가 가슴으로 안아 보자
그리고
손을 잡고 다시 일어날 용기를 주자

탯 줄

큰 아이와 내가
아직도 하나인 것을
아이를 군에 보내고 깨닫는다

둘째 아이와 내가
아직도 하나인 것을
생각과 대화의 일치를 보고 깨닫는다

셋째 아이와 내가
아직도 하나인 것을
대기만성형 공부 스타일을 보면서 깨닫는다

네가 아프면 나도 아프고
네가 힘들면 나도 힘들며

네가 기쁘면 나도 기쁘고
네가 힘차면 나도 힘찬 것은

보이지 않는 탯줄
마음의 탯줄 때문이리라

아들아

암흑 천지에 광명을 밝히듯
너를 잉태한 기쁨을 가슴에 담고

어질고 착한 너의 심성에
믿음을 담고 지켜봐 왔구나

직장에 바빠 어미의 돌봄이 부족해도
불평불만 한마디 없이

어미사랑 동생사랑 집안사랑 친구사랑
너의 성장이 부처 같도다

엄동설한에 나라 지키는 군인이 되어
애타는 어미의 심정 가눌 길 없으나

인생의 힘듬을 극복하는 기회로 생각하고
네 인생의 꿈을 그려 보거라

너로 인해 행복했고
너로 인해 용기를 얻었단다

아들아, 이제
너의 미래의 꿈을 꾸고
이 집안을 이끌어 갈 꿈도 꾸고
이 나라 발전에 기여할 꿈도 꾸거라

아들아
어미는 너를 믿고
영원히 너를 응원하리라

하늘같은 내 딸

큰 딸은
나의 희망이자 의지이자

어릴 적 재능 뛰어남에
무릇 안심하고

영특함과 창의성에
칭찬 속에 자라난 기대주

믿음이 곧 자율이 되어
지켜보기만 했던 학창시절

여고 마지막 3학년
모든 열정을 쏟아 함께해야 할 시기

딸은 평생의 친구이자
서로의 상담가

천 사

백옥 같은 얼굴엔
선한 표정 가득하고

맑디맑은 마음은
티끌 없는 푸른 창공이네

나보다 가족, 친구를 먼저 챙기는
자비와 봉사 가득

아- 천사로다
내 어찌 칭찬을 아끼리오

부모 사랑 언니 오빠 사랑 맘껏 받은
사랑의 천사이어라

대학 입학 축시

대학 관문을 통과 하느라 생각 없이 달려온
학창 시절을 뒤로하고
이제 적성 찾아 인생 길 준비하는
대학 4년을 맞이한다

인생 마라톤의 출발점
꿈과 인생을 설계하고
한 분야의 전문가가 되기 위해
희망차게 시작하자

창공 보며 가슴에 큰 꿈 담아
힘들더라도 포기하지 말고
넘어지더라도 다시 일어나
꿈을 품고 뛰어야 한다

즐기면서 하는 일의 결실은 두 배
학문을 즐기고 활동을 즐기며
내게 필요한 것들을 찾아 쌓으면서
소원한 분야의 공부를 신바람 나게 시작하자

동서고금의 진주 같은 책들을 가까이 하고
한국을 보고 세계를 보며
글로벌 리더가 되도록
독서를 통해 글로벌 경쟁력을 높여 보자
지식과 지혜를 겸하고
행복과 성장을 추구하면서
타인의 행복과 성장도 배려할 줄 아는
따뜻한 인간이 되어 보자

학창시절 친구 우정을 소중하게 생각하고
서로를 격려하고 도와주며
서로의 성장과 행복을 기원하는
진실된 마음을 영원히 간직하자

내 어머니

사랑이 무엇인지
인내가 무엇인지
헌신이 무엇인지
당신의 삶 속에서 배웠습니다

2대 독자에게 시집 들어
시누 다섯 돌보고 자식 여섯 기르면서
자식 앞서 시댁을 챙기며
모진 시집살이에도 웃음을 잃지 않으셨던 내 어머니

자식들을 항상 믿고 격려해 주시고
하늘 같은 내 딸이라 항상 손을 어루만져 주시며
천사 같은 마음으로
한없는 사랑을 행함으로 가르쳐 주신 내 어머니

남편이 마음고생 시킬 때도
끝까지 인내하시며
불만은 혼자 중얼거리며 푸시던
생불 같으셨던 내 어머니

환자인 당신의 몸으로
시어른들 병 수발까지 감내하던 헌신적인 내 어머니
현세 삶에 지쳐
그렇게도 일찍 하늘나라로 가셨나요?
철없던 시절
그렇게 사시지 말라고 했지만
이젠
당신의 삶이 얼마나 가치 있는 삶인지 압니다

당신은
한 여성으로서
참으로
위대하고 거룩하셨습니다

행복 나무

가정의 행복이 충만하길 소망하며
여기 저기 세워 둔 행복나무

행복한 수신제가 수행으로
행복나무의 행복 넘쳐 온 집안 가득하네

직장의 행복이 샘솟기를 소망하며
연구실에 옮겨 놓은 행복나무

연둣빛 나뭇잎의 행복 향기 맡으며
연구 행복 두 배, 연구실 생활의 행복 두 배이네

행복 나무 키우듯
우리의 행복도 키우기 나름인 듯

마음을 다스리고 키우면
이것이 바로 행복한 세상이네

부부 사랑

부부는 가족 오케스트라의 지휘자
부부 사랑의 균열은 전 가족의 균열을 가져오는 시작점
부부 간의 조화를 통해 가능한 아름다운 가족 오케스트라

부부 사랑은 행복에너지
매일 매일의 오케스트라를 연주하는 조화로운 사랑
손길 못 거친 것 말없이 도와주는 헌신적인 사랑
난초 가꾸듯 가꾸어야만 만개하는 정성을 다하는 사랑
서로의 기분을 살펴 행복을 전해주는 이성적인 사랑

부부 사랑은 성장에너지
달빛 가린 구름 걷어 희망을 밝혀주는 사랑
서로의 부족한 부분을 메워주는 톱니바퀴 사랑
잘못을 일깨우고 장점을 살려 주는 스승 같은 사랑
끊임없이 인내하며 피어오르는 위대한 연꽃 같은 사랑

부부는 또 하나의 나의 세계
부부는 서로 모든 것을 알고 대화하는 또 하나의 나

님을 위한 기도

내 마음은 구름을 타고 내려
형산강 되어 그리움으로 흐르고

내 마음은 천릿길 남산 위
금강송 되어 사시사철 늘 푸르네

이 몸은 불국토의 수행자가 되어
원효대사 수행길 따라 사색하고

이 몸은 불국사 정기 가득
부처 되어 님을 위해 기도하네

님 그리며

찌르르 매미 소리 사방으로 울러 퍼지고
사랑하는 님 그리며 홀로 걷는 청계산 옛골길

포용하는 흙을 밟는 평온한 기쁨 속에서
그 동안 함께해준 님 생각에 빠져드네

소나무 너머로 피어오르는 햇무리를 보며
중년 인생 피기까지 지켜준 님의 얼굴 그려보고

사시사철 푸른 소나무 향기에 취하며
언제나 변함없는 님의 사랑에 감사하네

당신으로부터 듣고 싶습니다

뻐꾸기 보이지 않는
굵직한 사랑을 전해오고

까마귀 날아올라
열정적 사랑을 노래하며

참새 동행하며
끊임없는 사랑을 속삭입니다

아름다운 사랑의 멜로디에도
이 텅 빈 가슴

당신으로부터 듣고 싶습니다
사랑한다는 말 한 마디를

당신이 그리울 때

당신이 그리우면
눈을 감습니다

당신만을 생각할
시간이 필요해서요

눈을 감고
당신을 생각하는 시간들이 행복합니다

생각 속에서 당신만을 보고
당신을 느낄 수 있기 때문이지요

오늘도
살포시 눈을 감아 봅니다

당신의 목소리

비가 옵니다
기다리던 사람은 오지 않고
대신 비가 옵니다

우면산 언덕 동물 친구의
비 맞음이 걱정되어
거실 창밖을 살핍니다

새벽부터 지저귀던 멜로디를 멈추고
동물 친구들도
누군가를 기다리는가 봅니다

고요와 평화 속에서
빗소리를 통해
당신의 목소리를 듣습니다

기준을 낮추어요

당신이 세상에 존재하는
그 자체만으로도
감사하고 행복해요

때론
화도 내고
마음 상해 말도 안하기도 하지요

당신에게 기대하는
기준을 낮출래요.

낮춘 공간만큼이나
사랑과 행복이 쌓일 거예요

참사랑

기다릴 줄 아는 사랑이
참사랑이어라

사랑은
대화하고 싶은 마음
함께 있고 싶은 마음
보고 싶은 마음
생각하고 싶은 마음
어루만져 주고 싶은 마음

이 모든 사랑의 바탕은
언제나
어디서나
무엇이든지
기다려 줄 수 있는 마음

기다릴 수 있는 사랑이
진정 사랑이어라

업고 안고 눕혀 놓고

자연을 벗 삼아 뛰어놀던 어린 시절
나룻배 노를 저어 바다 품에 회를 먹고
소 먹이러 들판 올라 진달래 따다 술 담그고
바다 속 뛰어 들어 고둥 잡아 삶아 먹고
친구들과 감자 깎기 놀이하여 감자밥 해먹던 추억

공부에 흥미 생겨 전념하던 대학시절
아이 셋 태어나서 첫째는 등에 업고
둘째는 가슴에 안고 셋째는 눕혀 놓고
허리 휘며 책을 보네 자장자장 우리 아가
엄마 숙제해야 하니 오래오래 잠 자거라

자장자장 우리 아가 오래 오래 잠 자거라
엄마 숙제해야 하니 오래 오래 잠 자거라
허리 휘며 마친 박사 셋 키우며 행복하네
허리 휘는 직장 생활 셋 키우며 행복하네
고된 역경 극복하여 닥칠 역경 겁 안 나네

마라톤

인내의 끝은 어디일까?
어둠을 헤치고
바람을 만들어 땀을 식히며
숨을 고르면서 달린다

달과 별과
더불어 뛰는 이 밤
항상 그 자리에서
함께하고 있는 친구들

나는 마라톤을 통해
자연의 친구가 되어
삶의 인내와 균형을 배운다

흐름의 끝은 어디일까?
암초를 만나 울부짖으며
흘러가는 유수와 더불어
인생을 달린다

양재천과 한강의 유수
더불어 흘러가며
마음으로 대화하는
삶의 친구들

나는 마라톤을 통해
고독을 즐기며 사색을 즐기며
오늘도 이 길을 따라 흐름의 철학을 배운다

꿈을 꾸고 꿈을 실현하며

뜻이 있는 곳에 길이 있습니다
저는 이 말을 믿습니다

꿈을 꾸면 꿈이 이루어집니다
저는 이 말도 믿습니다

단, 중간에 포기하지 않는 강한 의지와
끊임없는 노력이 필요합니다

나의 인생은 꿈을 꾸고
꿈을 실현하면서 살아온 인생입니다

향후 10년간의 꿈을 다시 그려봅니다
그 꿈을 위해 다시 희망을 품어 봅니다

꿈은 이루어진다

꿈을 꾸고
꿈을 실현하면서
살아 보자

꿈을 꾸고
꿈을 간절히 소망하는 사람에게는
꿈은 이루어진다

소녀 때부터
바다를 보며
소박한 꿈을 가지고 있었다

꿈을 꾸는 사람이라
미래를 생각하며
생활이 즐거웠다

소녀의 꿈은 이루어지고
청년이 되어
다시 장년의 꿈을 꾸었다

꿈을 꾸는 사람이라
꿈이 소중하여 힘듦도 이겨내게 되고
그 꿈이 이루어졌다

이제 다시 꿈을 꾸고자 한다.
노년의 아름다운 꿈을 꾸고 있다
그 과정도 즐기고자 한다

꿈을 꾸는 사람은 행복하고
꿈을 꾸며 사는 사람은
꿈을 이룬다

인생의 봄

인생의 봄 바다에 도달하기 위해
그렇게 강줄기를 타고 내려왔나 보다

샘솟는 옹달샘 되어 탄생을 알리고
졸졸 계곡이 되어 친구들과 노래 부르며
증기로 소멸되어 비 되어 내리는 재주 부리며
강줄기를 만나 흐름에 몸을 맡기고
유수는 이렇게 흘러 왔나 보다

때론
흘러갈 수 없어 갇힌 듯 머무르고
암벽을 만나 울부짖으며 피해 돌아가며
홍수로 인해 쓸려져 버리고
바닥까지 드러내어 짓밟히며
유수는 이렇게 흘러 왔나 보다

내 인생의 입춘 같은 바다
내가 태어나서 자라던 바다소녀가 다시 되어
이 봄 기운으로 다시 바다를 품어 본다

청 향

은은한 청향 담은 하늘 품에 살며시 안겨
행복한 삶, 축복하는 사랑 노래 불러 보고

푸르른 향기 맑은 향기 온 몸으로 감싸 안고
은은한 삶의 청향, 마음으로 느껴 보네

푸르른 희망 맑은 희망 내 품으로 다시 안아
푸르른 꿈의 향기, 희망 노래 불러 보고

청향 품은 오늘 하루 온 몸으로 향기 취해
청향 담은 푸르른 꿈, 다시 한번 키워 보네

명경지 明鏡智

명경지
맑은 거울 같은 지혜를 가져라
화림스님께 법명 주심에 감사드린다

동서고금의 지혜를 독서로 이해하고
다도 통해 삶의 여유와 공간을 마련하며
삶들과 대화하여 경험으로 진리 구하고
여행으로 생각 넓혀 다양함을 찾아보자

경험과 명상 통해 지혜를 시로 엮고
시를 통해 사람들과 진심으로 대화하며
사람들의 삶 나누고 이야기를 들어주고
더 깊은 지혜는 다음 시로 표현하자

명경지
맑은 거울 같은 지혜를 갖추어
맑은 거울 같은 지혜를 실천하자

여은이류 麗誾怡瀏

여은이류
곱고 온화하고
맑은 기쁨을 주는 시인이어라

따뜻한 엄마 품에서 자라나
산소 같은 자연의 품을 즐기며
청향이라는 단어를 좋아하고
향기 나는 책을 가까이 하는 사람

나와 다른 사람에게
마음이 곱고 온화하며
맑은 기쁨을 주는 사람
선배님으로 인해 여은이류가 된 사람

나는
온화한 맑은 기쁨을 주는 시인이어라

제4부
사랑, 우정 그리고 관계

가로등

인생의 굽이굽이
방향을 찾아
어둠 속에서
방황하던 때마다

내 인생의 가로등이 되어
나를 비쳐주며
함께했던
소중한 인연들

그들이 있어
현재의 내가 있고
그들이 있어
내가 걸어 올 수 있었던 이 길

이젠 다시 돌아가
그들을 만나 감사하며
서로의 가로등이 되어
인생 끝까지 함께하리라
지금도 가로등이 되어

언제 어디서건
항상 그 자리에 있어 주는 그들에게
이젠 내가 가로등이 되어 주리라

가을의 사랑

기다림에 타버린
붉은 물결 가슴 바다
사랑하는 이 그리워하는
갈망의 몸부림
가을의 사랑, 열망하는 그리움의 사랑

기다림에 지친
넋 빠진 산 속의 고독
혼자일 수밖에 없는
인생의 홀로서기
가을의 사랑, 그 고독한 내려놓음의 사랑

기다림의 내면화
변화무쌍에 견디고
뿌리는 더 단단해지는
삶의 주체되기
가을의 사랑, 나를 바라보는 성숙의 사랑

기다림의 승화
세상에 마음 열어

여유와 안식을 즐기게 하는
아름다움에 취한 따뜻한 대화
가을의 사랑, 사람들을 바라보는 베풂의 사랑

해바라기

그리움에
사무쳐
까맣게 타버린 가슴 안고

오늘도
님 향한
노오란 희망 잃지 않네

기다림에
지쳐
축 늘어진 가냘픈 몸으로도

님 오는 날
기다리며
반겨 줄 걱정만 가득하네

개나리

개나리의 노랑 노래 울려 퍼질 때
희망의 노란 물결을 마음에 채우자

기다림을 알고 있었듯
노오란 가지를 드리우고
온 누리에 노오란 물결 파도치며
웃음 짓는다

긴 겨울의 터널 속 어둠에 헤매이고
삶의 기력을 잃고 앉아 있을 때
희망을 가지라고 속삭인다
진한 희망을 가지란다

네가 있어 희망을 잃지 않는다
희망의 노란 물결을 마음에 채운다

진달래

4월의 찬란함에 기쁨이 충만하고
자연의 아름다움에 취해 산을 찾을 때 만나는 친구

해마다 4월이면 너를 보고 싶어 산을 오르면
언제나 온유의 모습으로 찾아드는 객을 반기네

속세에서 벗어난 곳에서만 피고 만날 수 있어
잠시 객관적 나를 돌아보게 하는 친구

절제된 너의 모습에 나의 삶을 돌아보고
너의 향기에 취하여 갈 길을 잃고 머물고 있네

목련의 연모

이룰 수 없는
애달픈 사랑으로
바다에 몸을 던지고

저 세상에서도
보고 싶은 연모의 정
가눌 길 없어

해마다
나무 타고 올라 피어
님을 찾네

청아한 아름다움과
연모의 사랑을
온몸으로 뿜어내고

님 찾지 못한
아쉬움 남기며
수줍은 듯 모습을 감추는

하늘나라 공주의, 우리들의
이룰 수 없는
순결하고 고결한 연모

무지개 같은 사랑

님 그리워
세상 구경 온 일곱 색깔 무지개
일곱 염원 담아
사알짝 다가오네

빨강 열정 담아
영원의 사랑 띄우고

주홍빛 수줍음 담아
새색시같이 바라보네

노랑 관심 담아
대화 상대 되려 하고

초록 청향 내며
기쁨 듬뿍 주려 하네

파랑 희망 찾아
꿈 같이 꾸려 하고

남색의 굳은 결심
인내하고 기다리며

보라의 지혜 찾아
삶의 향기 주려 하네

님 그리워
세상 구경 온 일곱 색깔 무지개
사랑의 지혜 담아
온 몸으로 보여 주네

가슴으로 내리는 비

이슬비가 내려요.

봄비가 내려요

소나기가 와요.

태풍이 쳐요.

눈비가 내려요

예, 다 맞아 드릴게요.

그러나

내 가슴에서 내리는 이 쓰라린 비는

어찌 맞아야 할까요?

상사화

그리움에 사무쳐 가냘파진 몸으로
사랑하는 이 그리며 세상을 향해 고개 내미는 애달픔이여

곧은 줄기에 화사한 자태의 꽃망울을 머금고
갈망하는 듯 가련한 사랑의 색을 사방으로 뿜어내며

잎은 꽃을 그리워하다 한 생을 마감하고
꽃은 세상에 나와 잎을 찾지만 그리운 님은 볼 수 없네

잎이 죽어야 꽃이 필 수 있으니 서로 그리움만 간직한 채
사랑의 열매를 이룰 수 없는 잎과 꽃의 상사화

이 세상 이룰 수 없는 사랑, 상사화뿐이랴
우리네 인생 이룰 수 없는 사랑은 이젠 고이 접어 두고

저 세상에서 만나 사랑의 열매 맺기를 기약하며
내 사랑의 열망을 필요로 하는 대상과 일에 승화시키세

고흐

소나기 같은 열정으로
밤낮없이 고독을 쏟아 부었나 보다

해바라기 같은 일편단심 열정은
불가능을 가능하게 한 기적을 이루었고

별이 빛나는 밤에 함께한 고독은
자신을 돌아보고 작품으로 승화시켰네

열정과 고독의 상징하는 고흐
그렇게 눈부신 그림 세계를 낳았나 보다

난 항상 그대로야

달아, 넌 왜 낮에 어디 갔다가
어두운 밤에만 나타나니?
지구 네가 태양이 쪽을 바라보느라
나를 못 보는 거지
난 항상 너를 보고 있어
난 항상 네 주변 그때 그 자리에 있어

달아, 넌 왜 나에게 더 가까이 다가오지 않니?
난 항상 너를 볼 수 있는 지금이 좋아
내가 너에게 더 다가가면
너를 오래 오래 볼 수 없을 것 같아
난 항상 네 주변을 도는 지금 이 자리가 좋아

달아, 넌 왜 그렇게 모양이 바뀌니?
난 항상 내 모습 그대로 네 주변을 돌아
태양이와 위치에 따라 네게 그렇게 보이는 거야
내 모습이 바뀌어 네게 보이는 것도 나의 즐거움이야
채웠다가 비우는 것, 인생을 네게 가르치는 거야

평행선

봄기운과 더불어
따스한 햇살처럼 다가온 그대

시간가는 줄 모르게 동화되어
피어나는 다정한 대화의 꽃

다가오지도 다가가지도 못하는 아쉬움으로
항상 그 자리에 맴돌 수밖에 없는 가련함

그리움에 사무쳐도 마음으로 인내하고
서로를 지켜주고 격려해 주는 울타리가 되어

더 가까워질까 서로 만나기를 두려워하는
친구 되기 연습

우린 다가갈 수도 멀어질 수도 없는
평행선 위에 선 인생의 동행자

다 도

다도의 시간은
영혼을 맑게 하는 산소 같아라

청향 담은 찻잔에 흐르는 은은한 정
연두 물빛과 하나 되는 마음의 청초
고요한 찻잔 속에 펼쳐지는 인생의 파노라마
모든 것을 뒤로 하고 음미하는 사색의 즐거움

갖가지 차 맛보라 주는 따스한 남편의 사랑
찾아오는 사람마다 대접하는 정성스런 마음
차와 같이 따라 주는 사랑의 마음
옹기종기 모여 앉아 피어나는 대화의 꽃

다도의 시간은
행복을 전해 주는 무지개 같아라

정년 퇴임 축시

백두산 호랑이 같은
학문적 기백으로
제자를 훈도하시고
제자들에게는 본받음을 주시는
학자의 모델이셨습니다

지리산 거목과 같은
인격적 기품으로
교육행정학의 체계를 만드시고
교육행정학도들에게는 넉넉함을 주시는
선비의 표상이셨습니다

삶이 힘들 때마다
가장 먼저 생각나 문을 두드리면
끊임없는 격려와 지혜를 주신
편안한 스승이며
인생의 안내자이셨습니다

존경하는 일산 선생님께서
그 동안 쌓아올린 학문 연찬과 제자 양성의 산실인

정든 모교를 떠나시는 날
그 깊은 노고에
고개 숙여 감사드립니다

인간은 자연에서 태어나서
언어를 배우고
사회를 배우고
다시
자연을 배운다고 합니다

이제 선생님께서는 사회를 떠나
자연인으로 새로운 출발을 하시며
선생님께서 새롭게 시작하시는
그 길에
건강과 행운이 늘 함께하길 기원드립니다

교육 사랑, 개발원 사랑

교육에 대한 열정과 헌신
마음과 실천으로 보여주시고

깊은 고민과 사색으로
교육에 대한 아이디어 제안하시며

사랑과 인내와
덕으로서 직원들을 포용하시어

연구기관, 개발원 위상
열정과 헌신으로 우리나라에 우뚝 세우셨네

교육 국제화에 대한 열망
온몸으로 보여 주시고

아프리카, 유럽 머나 먼 곳 가리지 않고
명절 마다않고 세계 곳곳 누비시며

외국 인사와 진솔된 대화의 장
한국교육개발원으로 모여 들어

한국 교육의 위상, 한국교육개발원의 위상
사랑과 헌신으로 세계에 우뚝 세우셨네

당신의 떠나시는 길
행복과 사랑 충만한
아름다운 나날, 건강한 나날 되소서!

당신과 나

은은한 청향을
사방으로 뿜는
당신의 향기

참되고 선하고 아름다움
내가 추구하던 진, 선, 미가
바로 당신입니다

거울로 본 듯한
나의 미래 모습

당신을 보면
마음이 즐겁고
마음이 맑아집니다

축 생일

오늘 세상에
태어나 주어 고맙다

힘들어도
표시하지 않아 고맙고

언제나 싱싱한
웃음을 주어 고맙고

더불어 함께
일하게 되어 더욱 고맙다

오늘 타오른
촛불처럼 세상을 밝혀 주고

힘든 사람에게
용기를 주며

슬픈 사람에게
기쁨을 선물할 수 있는

아름다운 사람
행복한 사람으로 축복한다

아름다운 대기만성

따뜻한 미소는
어둠을 밝히는
달과 같고

상냥한 말씨는
평화로운
호수와 같아

함께하는
시간이
평온하고 행복했네

준비 과정이 길고
세상이 한번씩
살을 에듯 추웠지만

따뜻한 마음
끝까지 잃지 말고
희망차게 나아가

인생 후반부의
아름다운 가을을 맞이하기 위한
꿈을 다시 새겨 보세

학문의 길에 들어서서

학문은
생각하는 길을
열어주는 통로
현실을 먼저 직시하고
이상적인 학문의 세계를 통해
현실을 다시 보세

다양한 이론의
저마다의 생성 배경을
사색하며
현실을 발전시킬
나만의 이론도
만들어 보세

한 분야에 몰두하되
다른 분야도
두루 연관 지어 통합적으로 사고하고
새로운 아이디어를
찾는 습관 기르면서
나만의 독창성을 쌓아가세

우면산 소망탑

우면산의 정기 가득
소망 담아 소망탑에 오른다

소원을 들어 준단다
간절한 소망은 실현된단다

소망을 담은 돌멩이 하나
소망탑에 올리고
합장하고 끊임없이 돈다

건강과 행복을 소망한다
매일 빌면 소망은 이루어진다
간절할수록 더욱 이루어진다

소망탑에 올라
건강을 회복하고 행복을 맞는다

금수강산의 들꽃 사랑

오염되지 않은 순수와 진심의
아름다움 내음 뿜으며

정겨운 나의 고향 들판에
들꽃 사랑, 들꽃 향기 가득하네

내 삶이 들꽃이었기에
내 자체가 들꽃이기에

나의 영원한 고향 들판에
우리들의 사랑, 들꽃 사랑 쏟네

우리나라 금수강산
아름다운 삶의 터전에

행복한 향기, 들꽃 향기 담은
사랑의 노래 울려 퍼지고

모두가 내 사랑이기에
아름다운 금수강산이 내 사랑이기에

오늘도 한 식구 되어
행복 향기, 들꽃 사랑 쏟네

■ 저자 소개

김 순 남

▎학력▎
- 경북대학교 사범대학, 대학원 석사 및 박사(교육학 박사)
- 한국대학교육협의회 Post Doc.
- Ohio State University Visiting Scholar
- 연세대학교 행정대학원 최고위정책과정 이수
- 서울대학교 행정대학원 국가정책과정 이수
- 조계사 불교대학 이수 중
- 전공: 교육학 전반, 교육정책, 교육행정, 기관평가 등

▎경력▎
- 대구에서 중등학교 교사 10년 경력
- 경북대학교 중등교육연구소 전임연구원
- 동국대학교 겸임교수
- 서울대, 고려대, 한양대, 동국대, 서울교대 대학원 석박사 과정 강사
- 경북대, 대구대, 대구한의대, 부경대 학부 및 대학원 강사
- 현재 한국교육개발원 연구위원, 한양대학교 강사
- 한국교육개발원 사교육없는학교지원특임센터 소장, 사교육절감지원센터 소장, 창의경영학교지원특임센터 소장 역임
- 국회: 행복추진특별위원회 위원, 교육과학기술위원회 자문위원, 교육문화체육관광위원회 자문위원, 서민 등록금 및 사교육대책특별위

원회 위원
- 국무총리실: 공교육 강화 및 사교육 대책 민관협의회 실무 TF 위원
- 교육부: 교육부 자체평가위원회 위원, 시도교육청평가위원회 위원, 교육대학교·교대교육대학원 평가위원회 위원, 일반대학 교직과정 평가위원회 위원, 국가교육과정개정 재량활동분과위원, 대학수학능력평가 개선 자문위원, 학교평가위원회 위원, 교원평가 컨설팅 팀장
- 교육청: 서울특별시교육청 영재교육기관 시범평가 평가위원·학교평가 자문위원회 위원·전문직 선발위원회 위원·영동중학교 교원평가 관리위원회 전문가 위원, 경남교육청 학교평가위원회 위원, 대구광역시교육청 지역교육청 평가위원회 위원
- 대학: 건국대학교 단과대학 경쟁력평가 평가위원, 인하대학교 인하교육 편집위원, 경북대학교 중등교육연구 편집위원
- 학회: 한국교육행정학회 감사, 홍보규정분과위원회 부위원장, 학회장선거 관리위원회 위원 겸 간사, 윤리위원회·홍보위원회 위원, 한국학부모학회 이사
- 민간: 행복교육행복사회연구회 및 포럼 회장, (사) 행복한 고전읽기 교육위원장, 대한불교조계종 중앙신도회 부대변인
- 시인: 2015년 3월 ≪백두산문학≫ 신인문학상 수상으로 등단

┃저서┃
- 학교경영론 (공저)
- 신교육행정 및 경영 (공저)
- 지식의 사회 문화의 시대 (공저)
- 학교단위책임경영 이론과 실제 (공역)
- 기타 논문 다수

┃수상┃
- 교육과학기술부 장관상(표창장, 사교육없는학교 사업 운영 공로상)

- 경제인문사회연구회 이사장상(우수연구자상, 지방교육자치 내실화를 위한 시도교육청 평가 모형 개발 연구)
- 한국교육학회장상(박사학위 우수논문상, 학교평가의 메타평가 준거 개발)
- 대구교육청 교육감상(유공교원 표창장)
- 대구교육청 교육감상(열린교육대회 우수상)
- 대구교육청 서부교육청장상(경시대회 학생 지도자상)

▌주요 책임 연구 및 사업 ▌

- 대구행복학교 운영 및 평가모형 개발 연구(2015)
- 대학 입시 정책 국제 비교 연구(2014)
- 고등학교 보통교과 성취평가의 대입 반영 방안 연구(2014)
- 강원도 학교자체평가 모형 개발 연구(2014)
- 창의인재 육성을 위한 학생평가 정책 연구 : 국제 사례를 중심으로 (2013)
- 학생평가 방법 개선 연구(2013)
- 초중등 독서교육 활성화 방안 연구(2012)
- 창의경영학교 모형 개발 연구(2012)
- 창의경영학교 프로그램 개발 연구(2012)
- 사교육 진단 및 대책 : 원인, 문제 진단 및 종합 대책을 중심으로 (2010)
- 사교육비 경감 정책의 진단 및 대책(2011)
- 사교육비 경감을 위한 학교교육 내실화 방안 연구(2011)
- 사교육없는학교 모형 개발 연구(2010)
- 학력향상중점학교 운영 성과 평가 분석 연구(2010)
- 기초학력 책임지도 책무성 평가 모형 및 지표 개발 연구(2010)
- 대전 교육력 제고 정책 성과 분석 및 발전 방안 연구(2009)
- 지방교육자치 내실화를 위한 시도교육청 평가 모형 개발 연구(2008)

- 국정과제 및 정보공시 중심 2008년 시도교육청 평가 모형 및 지표 개발 연구(2008)
- 교원양성기관 평가 모형 개발 및 만족도 조사 연구(2007)
- 영문성적증명서 양식 개발 연구(2007)
- 경상남도교육청 학교평가의 메타평가 연구(2007)
- 대학평가의 메타평가 연구(2004)
- 학교평가의 메타평가 준거 개발(2002)
- 초중등학교 독서 활성화 지원 사업(2011•2012)
- 창의경영학교 지원 사업(2011•2012)
- 사교육없는학교 지원 사업(2010•2011)

▌주요 공동 연구 및 사업 ▌
- 인성교육 진흥 중장기 발전 방안 연구(2015)
- 일반행정과 교육행정의 협력적 거버넌스 구축 및 발전 방안 연구(2015)
- 교원 중장기 수급 체계 구축 방안 연구(2014)
- OECD ESP 역량 역동성 종단 연구(Ⅰ) : OECD 측정도구 한국 타당화(2014)
- 정규직 시간선택제 교사제도 운영 방안 연구(2014)
- 생활기록부 기재 방식 및 교육적 활용에 관한 국제 비교 연구(2014)
- 교장연수기관 평가 연구(2013)
- 학교컨설팅 활성화를 위한 학교 조직 진단 도구 개발 연구(2013)
- 현 정부 핵심 교육정책 진단 및 대책(2011)
- 단위학교 재정지원 사업 효과 분석 연구(2011)
- 유아 사교육 실태 및 영향 분석 연구(2010)
- 사교육 없는 학교 운영 실태조사 및 성과 분석 연구(2010)
- KEDI Idea Bank 구축 방안 연구(2009)
- 2010 시·도교육청 평가 개선 방안 연구(2009)

- 대전 학교 자율화 정책 성과 분석 및 발전 방안 연구(2009)
- 양구군 교육발전 계획 수립 연구(2009)
- 대학 자체평가 방안 연구(2009)
- 서울 중구 교육 계획 수립 연구(2009)
- 지표로 본 인천 교육의 격차 연구(2009)
- 2008년 일반대학 교직과정 평가 연구(2008)
- 좋은학교 만들기 자원학교 성과 평가 연구(2008)
- 경남지역교육청 및 산하기관평가 진단 및 개선 방안(2008)
- 대학 특성화 평가 시범 적용 및 발전 방안 연구(2007)
- 2007년 일반대학 교육과 평가 연구(2007)
- 체육예술교과 평가 기술 방식 개선 연구(2007)
- 특성화중심 대학종합평가 편람 개발에 관한 연구(2007)
- 2006년 교육대학 및 교대교육대학원 평가 연구(2006)
- 2006년 교육대학교 평가 지표 개발 및 만족도 조사 연구(2006)
- 교원평가 시범학교 운영 결과 분석 연구(2006)
- 지역사회 연계 대안학교 교육 프로그램 개발 연구(2006)
- 국가 수준의 대안학교 교육과정 운영 활성화 방안(2004)
- 영재교육기관 평가 모형 현장 적용 연구(2004)
- 영재교육기관 평가 편람 개발(2004)
- 대학교육에 대한 산업체 만족도 조사 및 조사결과 Feedback 체제화 방안 연구(2004)
- 대안교육 활성화를 위한 국가수준 교육과정의 운영 방안 연구(2004)
- 대구시 고교 입학 전형 및 배정 방법 개선 연구(2003)